Género Fantasía

I0799609

¿? Pregunta esencial

¿Qué te enseñan los cuentos?

Los colores posibles

Sebastián Olaso
ilustrado por Cecilia Rébora

CAPÍTULO I

Un caballo exigente

Al caballo Crinoso le gusta descubrir flores nuevas. Si no hay oscuridad, también le gusta mirar el cielo.

—¿Hay algo más hermoso que mirar? —pregunta.

Sin embargo, algunas cosas no le agradan a nuestro caballo.

No le gustan los ruidos fuertes. No le gusta que lo empujen. No quiere que nadie haga fuerza para moverlo.

Algunas cosas no le gustan a nuestro caballo.

Si te cruzas con un caballo exigente, sabrás cómo es Crinoso.

En el prado Nadaverde, todos lo respetan. Lo respetan los búhos, las serpientes, los conejos. Es cierto que también inspira un poco de curiosidad. Pregunta cosas que nadie puede explicar.

—¿Por qué en Nadaverde el arcoíris no tiene siete colores?

—Aquí son seis los colores posibles —responde la vaca Muchamancha.

—¡Tienen que ser siete, como en todo el mundo! —dice Crinoso, y señala el pasto amarillo que lo rodea.

—¿Por qué en Nadaverde el pasto tiene mal sabor?

—En Nadaverde el pasto es exquisito —le dice Muchamancha.

—El pasto exquisito es de color verde —dice Crinoso.

AHORA COMPRUEBA

¿En qué se diferencian Crinoso y Muchamancha?

CAPÍTULO 2

Una vaca ingeniosa

Los días pasan y Crinoso está un poco serio. El cansancio no lo deja jugar.

—Estás muy delgado —le dice la lombriz desde su agujero rojo.

—Necesitas que te receten vitaminas —canta el zorzal desde una rama negra.

—¿Estás durmiendo bien? —le pregunta el zorrino con cola azul.

—Pasas mucho calor —comenta una osa blanca como una nube.

—¡Pasas mucho frío! —exclama el camaleón amarillo como el pasto.

Los días siguen pasando y Crinoso prepara las maletas. Dice que se mudará a otro prado. Quiere vivir en un lugar donde pueda comer pasto verde.

Para nuestro caballo, los colores posibles para el pasto son el verde y el verde. Y también el verde, piensa, porque cree que se ha olvidado de pensarlo.

Entonces, la vaca visita a Crinoso.

—¿Te irás de aquí? —pregunta Muchamancha.

—Me iré de aquí —dice Crinoso.

—No quiero que te vayas —dice Muchamancha con voz de amiga.

—¿No quieres que me vaya?

—No. Quiero que te quedes.

Detective del lenguaje

¿Cuántas oraciones interrogativas hay en esta página?

—En Nadaverde no tengo qué comer —dice Crinoso.

—Sí que tienes qué comer —dice Muchamancha.

—No tengo pasto verde —se queja.

—Prueba mi ensalada de pasto amarillo con tréboles anaranjados —dice Muchamancha con orgullo y le acerca una ensalada.

Pero nuestro caballo da un paso atrás.

—¡Quiero verde! —grita Crinoso.

—¡No y no! ¡Aquí el verde no existe! —le dice la vaca.

—¡Sí y sí! ¡Quiero verde y quiero verde!

—Aquí hay amarillo.

—No me gusta el pasto amarillo. Y jamás me gustará —dice Crinoso.

—Prueba mi ensalada. Está hecha con amor. Te enseñaré a prepararla.

Crinoso prueba la ensalada y le dice a la vaca que no está mal.

Entonces, Crinoso acompaña a la vaca al prado y recogen muchas cosas.

Muchas de esas cosas no le gustan a Crinoso: pétalos violáceos, hojas grises, ramitas azules. Y mucho pasto amarillo que arrancan con cuidado de la tierra.

—Separa aquí, corta. Pon aquí, mezcla —dice Muchamancha.

—¿Puedo tomar nota? —pregunta Crinoso con un suspiro. Y aunque suspira, no está cansado.

—Puedes tomar nota —responde la vaca, que tampoco está fatigada.

La voz extraña de la vaca le gusta mucho a nuestro caballo. Le parece la voz de un loro verde. O casi verde.

AHORA COMPRUEBA

¿Por qué la vaca Muchamancha es ingeniosa?

CAPÍTULO 3

Un prado delicioso

Ahora nuestro caballo come todos los días una ensalada diferente. Las prepara él mismo con los ingredientes que le recetó la vaca: pasto amarillo, ramitas azules, tréboles anaranjados, hojas grises. Y pétalos de todos los colores posibles.

Colores posibles que no son el verde.

Detective del lenguaje

Las oraciones de esta página terminan con un punto (.). ¿Son oraciones enunciativas o interrogativas?

Como ya tiene las maletas preparadas, a veces visita los prados lejanos.

No necesita ni aviones, ni bicicletas, ni autobuses. Crinoso viaja en Crinoso, a trote firme y alegre. Y cuando llega a un prado desconocido, se detiene. Prueba el pasto verde y dice:

—¡Qué manjar!

Come y come hasta que se cansa de comer y comer.

Entonces regresa a Nadaverde, donde están sus amigos. Les cuenta sobre las comidas extrañas que hay en zonas lejanas.

Mientras habla y habla, prepara una ensalada nueva. Una ensalada con mucho pasto amarillo. Y la comparte con todos los que quieran probarla.

AHORA COMPRUEBA

¿Qué descubrió Crinoso en sus viajes a los prados lejanos?

Respuesta a la lectura

Resumir

Resume el cuento. Usa el organizador gráfico para ayudarte.

Personaje	
Deseos o necesidades	Sentimientos
Acciones	Características

Evidencia en el texto

1. ¿Cómo sabes que *Los colores posibles* es una fantasía? **Género**

2. Vuelve a leer las páginas 4 y 5. ¿Qué le gustaría comer a Crinoso? **Personaje**

3. ¿Qué palabra de la página 12 te ayuda a conocer el significado de *fatigada*? **Sinónimos**

4. Escribe acerca de por qué Crinoso desea comer pasto verde. **Escribir sobre la lectura**

Género **Fábula**

Compara los textos

Lee una fábula que cuenta una historia y tiene una enseñanza.

La garza y los peces

Había una vez una garza que vivía en un gran río.

Pasaba todo el día quieta y en silencio a la orilla del río. Esperaba pescar un pez con su pico largo y puntiagudo.

Una mañana, la garza buscaba su desayuno.

Había pequeños peces nadando a su alrededor. Los peces pensaban que estaba durmiendo, pero la garza simplemente fingía.

“Estos peces son muy pequeños”, pensaba la garza. “Voy a esperar a que pase un pez grande”.

¡La garza esperó y esperó... un largo tiempo!

De pronto, los peces pequeños desaparecieron. La garza no pudo seguirlos porque el río era demasiado profundo.

—¡Cielos! —dijo la garza—. Tengo hambre. Debí haberme comido todos los peces pequeños.

Pobre garza. Lo único que encontró para comer fue un pequeño caracol.

Moraleja: es mejor aceptar lo que uno recibe sin quejarse.

Haz conexiones

¿Cómo nos ayudan los cuentos a aprender de los errores? Pregunta esencial

Compara la manera en que los animales aprenden las enseñanzas en cada una de las historias. El texto y otros textos

Enfoque: Género

Fábulas Las fábulas se escriben para enseñar algo importante. Los animales que hablan en una fábula le enseñan a un ser humano o a otro animal algo importante.

Lee y descubre En *La garza y los peces,* la garza aprende una lección. ¿Cuál es?

Tu turno

Piensa en una fábula que incluya un animal que habla para dejar una enseñanza. Elige una parte de la historia y escríbela en detalle. Recuerda usar el diálogo entre los personajes para mostrar lo que sucede.